AIVOITELMIA

Absurdiin kallellaan olevia ajatuksia

© 2023 Jarmo Pystynen

Kannen suunnittelu: Jarmo Pystynen
Sisuksen taitto: Jarmo Pystynen

Kustantaja: BoD – Books on Demand, Helsinki, Suomi
Valmistaja: BoD – Books on Demand, Norderstedt, Saksa

ISBN: 978-952-31-8415-2

Jarmo Pystynen

AIVOITELMIA

Absurdiin kallellaan olevia ajatuksia

Miksi aivoitelmia?

Varkaat ovat aina joukossamme ja huijareita on maailma pullollaan. En nyt sen enempää puutu tähän teemaan, vaan esitän tässä kirjasessa ajatuksia sekä tunnetuilta tekijöiltä valkopestyinä ja kuiviin väännettyinä – suurin osa ylentävistä ajatuksista lienee joka tapauksessa monesti jo aiemmin vähintään ajateltu ja puhuttu, joskus myös kirjoitettu - että luullakseni, varma en voi olla, omasta päästä savolaisittain kirjailtuna. Näitä ei ole vähäisinkään tarkoitus ottaa liian vakavasti, mutta jos sellainen mielentila sattuisi lukijalle syntymään, en ota siitä pienintäkään murhetta, sillä yhden murheet eivät oikeastaan voi olla kenenkään toisen ongelma.

Ja jos joku sattuisi huomaamaan, että sama teema tai asia esiintyy tämän kirjasen useassa eri paikassa, ei sitä tule pitää virheenä, vaan se johtuu pelkästään siitä, että kaikki tärkeät asiat vaativat toistoa. Tämähän ei ole akateeminen opinnäyte, joten siltä ei tule vaatia muodollista pätevyyttä.

Turinat on kirjailtu niiden otsikon mukaisessa aakkosjärjestyksessä; pitäähän tässä tuotteessa olla edes jotain johdonmukaisuutta... Joskus puhinat ovat kiitollisen lyhyitä, joskus taas raskaan rautalangan vääntämisen tapaisia.

Kun minusta tulee diktaattori, jokainen joutuu hankkimaan oman kappaleen tätä teosta, ja sen ajatusten tuntemisesta pidetään julkisia tilaisuuksia. Hanki siis omasi ajoissa!

ALOITTEEKSI

Me olemme aivan liian kauan olleet sen harhan vallassa että "totuus" - mitä sillä sitten kulloinkin on olevinaan tarkoitettu – olisi tärkeää tietää: tärkeää kenen muun kuin filosofin kannalta? Eikö elämä itse osoita lukuisin esimerkein pikemminkin näennäisyyden, valheen, puijaamisen, kuvitelmien ja luulojen herruudesta? Totuus on näet varsin turha, tarpeeton ja käytännössä sitä on mahdoton varmuudella tietää. Ei siitä kukaan edes ole kiinnostunut erityisen paljon, ja rehellinen ihminen myöntää vain mukavien totuuksien olevan kiinnostavia, nimittäin ikäviä totuuksia – jollaisia liian monet esiin tulleet totuudet näyttävät olevan – ei kukaan halua kuulla. Ihminen on uskova eläin, ja vain se mihin uskomme on meille oleellista ja toimintaamme vaikuttavaa. Me uskomme helposti siihen, mihin muutkin uskovat. Totuuden tieto vaatii joka tapauksessa uskon aktia. Pakkomielteinen totuudenpuhuja on surkea ja patologinen olento, ja sikäli kuin sellainen sattuu maailmaan syntymään, joutuu hän väistämättä vaikeuksiin ja tuhoutuu nopeasti.

Täydellisyyttä on vaikea saavuttaa ja ainakin mahdotonta pitää yllä : joskus jopa valehtelemme valehtelevamme.

A----------------J

Aaveiden näkemisestä

Mielikuvituksemme rajaa myös sen, millaisia aaveita pystymme näkemään.

Absoluuttisen arvosta

Lauseen "tämä on absoluuttinen totuus" sana absoluuttinen ei lisää totuuteen mitään, mitä siinä ei jo alunperin olisi.

Aika ja avaruus

Aika ja avaruus on koodattu ihmisen rakennuspiirustuksiin niin ettei hän pysty ajattelemaan asioista muilla tavoilla.

Aistillisuus ja häveliäisyys

Aistillisuus ja puritanismi ovat saman kolikon kääntöpuolia. Kumpikin touhuaa saman asian parissa.

Ajattelen

Jos maailmassa on vain ainetta, siitä seuraa, että aine kykenee ajattelemaan.

Ajattelun epäsymmetria

Tiedän kyllä mitä sinä ajattelet, mutta en tiedä mitä itse ajattelen.

Asioiden suurentaminen 1+0 = 10, 10 +0 =100

Joskus voi käydä niin, kouluopetuksen vastaisesti, että nollia lisäämällä voi sittenkin suurentaa asioita.

Ahkera huhu

Huhu on täydessä työn touhussa jo ennen kuin totuus on ehtinyt edes aamupalalle.

Aikuistumisen harha

Emme me oikeastaan kasva koskaan aikuisiksi, opimme vain käyttäytymään julkisuudessa.

Ainoa universaali

Petos näyttäisi olevan ainoa universaali elämään liitettävissä oleva toimintatapa. Virukset, bakteerit ja jopa omat geenimme toimivat näet ikään kuin ne huijaisivat aina kun voivat.

Aistimme eivät petä

"Aistimme pettävät meitä" on vain kielikuva, joka tarkoittaa, että tulkintamme siitä, mitä aistimme meille kertovat, voi mennä metsään.

Aivojen syy

Jos väitetään "aivojen" olevan syypäitä siihen tai tuohon pahaan tekoon, täytyisi symmetrian vuoksi myös nerokkaiden ja erityisen hyvien tekojen väittää olevan sankarin aivojen, ei sankarin itsensä aikaansaannosta.

Ajattelun seuraukset

Ajattelemisen ajattelu johtaa siihen, että ajattelemme olevamme olemassa.

Ajatuspoliisi

Sanoitko "neekeri?" Apua, poliisi, rikollinen!

Ajatustensa rakastamisesta

Jos tänään rakastuu omiin ajatuksiinsa, saattaa vuoden päästä jo hävetä niitä.

7

Akateemisesta suppeasta mielenlaadusta

Suppealle akateemiselle mielelle auktoriteetti on kaikki kaikessa, ja tosiasiat hylätään, jos ne eivät sovi porukan hyväksymään teoriaan.

Aloittamisesta

Aloittaminen näyttäisi olevan yli puolet koko tekemisestä.

Armon rooli

Armoa antavat mahtavat, voimakkaat ja vahvat heikommilleen, silloin kun sattuvat olemaan sopivassa mielentilassa. Heikot reppanat näet eivät anna armoa, sillä heillä ei ole ketään, jolle he sitä osoittaisivat.

Arvoitus

Kaiken omistamansa on se varastanut, ja kaikessa se valehtelee. Vastaus ei ole katolinen kirkko vaikka niin sattuisitte luulemaan.

Arvokkaasta

Mikään arvokas ei ole ilmaista. Jo ensimmäinen hengenvetomme on kovan yrityksen ja tuskan takana.

Arvo ja hinta

Arvo häviää, kun hinnasta aletaan puhua.

Arvo on annettava

Meidän jokaisen on itse annettava asioille arvo, tätä velvollisuutta ei voi siirtää toiselle.

Asiantuntuja

Asiantuntija ei tiedä sitä, mitä asia ei ole hänelle kertonut. Hän ei tiedä sitä, mitä hän ei tiedä.

Asioiden arvo

On asioita, joita osaat tehdä ja niitä joita et voi. Kannattaa siis keskittyä toiseen.

Asioiden hyöty?

Asioiden hyödyllisyyttä tavoittelee vain se, joka ei ymmärrä niillä olevan parempaakin tehtävää.

Asioiden kolme puolta

Toisin kuin yleisesti luulotellaan, asioilla ei ole vain kaksi puolta vaan kolme : minun, sinun ja hänen.

Autuaat

Autuaita ovat unohtavaiset, sillä mikään pahan muisto ei heitä kiusaa. Tällä tahdon löytää jotain positiivista Alzheimerin taudista.

Avioero

Totuus ja luulo melko pitkään yhdessä elettyään joutuivat lopulta antautumaan jatkuvan ja sovittamattoman riidan seurauksena : luulo huomattavasti sosiaalisempana halusi näet seurustella myös koko maailman kanssa, vaan tämä ei sopinut lainkaan mustasukkaiselle totuudelle. Totuus rakasti aivan liikaa oman luulonsa seuraa, jotta se olisi halunnut jakaa tätä muille, eikä maailma halunnut seurustella totisen ja tylsän totuuden kanssa, kun hauska ja iloluonteinen luulokin oli tavattavissa. Tämän takia luulo hallitsee maailmaa; totuus kukoistaa vain omien salaseurojensa illanvietoissa.

Avioliiton ilot

Avioliitossa menettää puolet oikeuksistaan. Tämän tasapainottamiseksi onneksi tuplaa velvollisuutensa.

Byrokratian kirous

Kun teot ja niiden seuraukset erotetaan toisistaan, kärsii jokainen luuloistaan.

Demokratian dogmeista

Demokratiaa vaivaavat ennakkoluulot, siis etukäteiset kuvitelmat asioiden arvosta, eivät ole demokraattisesti päätettyjä tai äänestyksen tulosta; ne on otettu aivan muista lähteistä.

Dogmaattinen

Saatuaan jotain aikaan liian monet tieteen parissa puuhailevat käyttävät loppuelämänsä omien ajatustensa kiveksi valamiseen.

Edes tunteemme

Voimakkaimmatkaan tunteemme eivät välttämättä kerro meille ulkomaailmasta mitään, sen sijaan ne kertovat aina jotain meistä maailmassa.

Edistystä luo

Jo edistyksen määritelmästä seuraa väistämättä, että sitä voi luoda vain normista poikkeamalla.

Edistystä tuo

Aamuvirkut eivät tuota edistystä. Sen tekevät laiskat ihmiset, jotka yrittävät löytää helpompia tapoja tehdä asioita.

Ei järkeä on havainto tärkeä

"Eihän tuossa ole mitään järkeä!" puuskahdamme tuon tuostakin. Ja sama pätee muihin ihmisiin, kun he kommentoivat meidän toimiamme. Onko järkeä siis missään ja onko se tärkeää?

Ei ole todisteita

Olemattomaksi todistamiseen ei riitä, että ei ole todisteita siitä.

Ei tappanut

Se, mikä ei tappanut sinua, jätti sinut toistaiseksi henkiin.

Eläkeputkessa

Opiskelin eläkkeellä oloa. Kurssi oli hyvä ja siitä maksettiin opintotukea, jota ei tarvinnut maksaa takaisin.

Elämä parjaajat

Taitaa olla silkkaa mielenvikaisuutta parjata elämää. Sillä lailla oikeastaan todistaa itsestään.

Elämän rakastaminen auvona

Kun rakastat elämääsi ja elät rakastamaasi elämää, et taida olla tässä maailmassa.

Elämän tarkoitus?

Yksi upea tarkoitus elämällä voisi olla tavoitella jotain todella suurta ja saavuttamatonta, ja kuolla siihen kurkottaessaan.

Elämän virheet

On täysi virhe kuvitella, että elämässään virheitä voi välttää vain olla tekemättä mitään.

Elämä on

Elämä tapahtuu täysin riippumatta siitä mitä jätät tekemättä.

Elämässä rakkaus on tarkoitus

Elämämme on rakkauden käyttöä, ei sen säästämistä varten. Ja rakastaa voimme vain sitä, joka on lähellämme rakastettavissa.

Elät vain kerran

Kun elät vain kerran, mutta oikein, on se tarpeeksi.

En halua tietää

On paljon sellaisia asioita, joista en halua tietää enempää. Tiedän liikaa asioita, joista en haluaisi tietää mitään.

Ennakkoluuloja moraalista

On vain uskonnollinen ennakkoluulo kuvitella ja uskoa, ettei järjellä voisi ratkaista perimmäisiä arvokysymyksiä. Kun uskonto on ensimmäisenä päässyt panemaan ajatuksia moraalista päähämme, meillä on vakava taipumus pitää niitä tosina tai ainakin oikeina.

Ennakkoluulojen voima

Vaikutat tuhansiin ihmisiin nopeammin heidän ennakkoluulojensa kautta kuin yhteen ihmiseen tosiasioilla.

Ennakkoluuloton

Minulla ei ole ennakkoluuloja muista ihmisistä. Vihaan kaikkia yhtä lailla.

Ennakoitava elämä

Täysin ennakoitavissa oleva elämä ei enää tuntuisi elämältä.

Ennustamisen onnistumisesta

Kun ennustat vain niitä asioita, joihin voit itse vaikuttaa, saatat saada gurun maineen.

En tiedä rehellisesti

"En tiedä" saattaa olla rehellisin lause, jonka voimme lausua silloin kun emme ole huijaamassa.

Epäitsekkyyden paradoksi

Kenen itsekkyyttä minun epäitsekkyyteni tulisi palvella? Jos en saa ajaa omaa etuani, kenen etua minun on ajettava? Kuka ajaa minun etujani, jos en itse saa niitä ajaa?

Epäonnistumisesta

Epäonnistuminen on siihen jäämistä, mihin on kaatunut. Älä siis jää tuleen makaamaan!

Epäsymmetria rankaisussa

"Silmä silmästä" ei sittenkään taida rangaista sokeaa, mutta se pyrkii tekemään koko maailmasta sokean.

Epätodennäköinen tapahtuu

On todennäköistä, että epätodennäköisiä asioita tapahtuu.

Erehdyinkö?

En suinkaan ole erehtynyt. Olen innokkaasti etsinyt ja löytänyt jo monta toimimatonta tapaa.

Erehtymättömyydestä

Emme (enää) pidä paavia erehtymättömänä, mutta onko Nobel-komitea erehtymätön?

Erityisiä hankittaessa

Hankimme itsellemme erityisiä ominaisuuksia toimimalla erityisillä tavoilla.

Esittämisen tapa on tärkeää!

Monesti emme ota vastaan sitä, mitä meille kerrotaan. Ja syy siihen on yksinkertainen : puhujan äänensävy ei miellytä meitä.

Esitän ja olen

Et eroa paljonkaan siitä mitä esität olevasi. Ole siis tarkkana!

Etiikan juonteista

Jos etiikassa on ongelmia, se johtuu vain siitä, että etiikka yltää vain niin pitkälle kuin ajattelukin, eli ei kovin pitkälle.

Etsimisestä

Jos olet etsinyt kaikkialta, etkä ole löytänyt etsimääsi, se voi tarkoittaa, että se on jo hallussasi.

Etuoikeudet ovat vapautta

Vapautta ei löydy mistään, mutta kylläkin eriasteisia etuoikeuksia

Faktantarkistajia?

Virallisen "totuuden" kätyreiksi on viime aikoina ilmaantunut ihmisiä nimeltään "faktantarkistajat." He leimaavat termillä "salaliittoteoreetikko" kaikki ne ihmiset, jotka uskaltavat epäillä ja kyseenalaistaa viranomaisten esittämiä väitteitä ikään kuin faktat olisivat jotenkin sellaisia asioita, joihin vain viranomaisilla olisi pääsy.

Filosofian arvo?

Filosofiaa ja kilpalaulantaa on vaikea erottaa toisistaan. Kummassakin käytetään sekä suuria ja äänekkäitä sanoja että niiden tuottamia assosiaatioita kamppailtaessa yleisön suosiosta.

Filosofisista sairauksista

Filosofisten sairauksien pääsyy on yksipuolinen ruokavalio, kun ajatuksia ruokitaan vain tietynlaisilla esimerkeillä.

Fysiikka kuntoon

Fyysinen harjoittelu vahvistaa kehoa, vaikeudet mieltä.

Hallitsija

Se, mitä et voi tai saa arvostella, hallitsee sinua.

Harvinaisen kertomaa

Jopa harvinaisimmista asioista joutuu kuitenkin kertomaan tavallisilla sanoilla.

Harvoin ajattelemme

Ajattelemme paljon harvemmin kuin uskomme ajattelevamme. Tämä harha kumpuaa ajattelemisen ajattelemisesta.

Haukkaa isoja paloja

Kaikki tekemisen arvoinen on liioiteltavissa, haukkaa siis isoja paloja!

Heikkojen ongelma

Heikot murehtivat jatkuvasti oikeudenmukaisuudesta ja tasa-arvosta. Voimakkaita asia ei voisi vähempää kiinnostaa.

Helppo elämä

On varsin yksinkertaista elää helppoa elämää. Pitää vain pysytellä laumassa kaiken aikaa.

Helppolukuinen

Soljuvan tekstin tuottaminen vaatii saakelisti työtä.

Helvetin juuret

Jos olisi sellainen puu, joka kasvaisi taivaisiin saakka, sen juuret olisivat helvetissä.

Helvetin luominen

On helppoa luoda helvetti. Siihen ei tarvita kuin yksi ihminen, ja tietenkin paljon apulaisia.

Helvetti

Helvetti seuraa monesti vain sitä, ettei tosiasioita haluta nähdä ajoissa.

Hiljaa olemisesta

On parempi olla hiljaa kuin väitellä tietämättömän kanssa.

Hilpeys on tärkeää

Vakavuuden puute ei välttämättä pilaa elämääsi, mutta hilpeyden puute tekee sen varmasti.

Historia aiemmin

Ennen vanhaan historiaa kirjoitettiin hallitsevien luokkien huviksi. Alemmat luokathan eivät osanneet lukea, eikä heidän hallitsijoitaan edes kiinnostanut muistaa mitä heille tapahtui.

Historian kertomaa

Historia kertoo meille historioitsijoiden sepitteitä siitä, miten asiat olisivat voineet olla.

Historiasta opimme

Me emme millään osaa oppia historiasta sitä, että emme opi historiasta, että emme historiasta mitään opi.

Hullujen huoneen opetus

Hullujen huoneessa käyminen osoittaa varmasti vain sen, että usko ei todista mitään.

Hullut!

Kun ryhtyy väittelemään sellaisen kanssa, joka uskoo tietävänsä kaiken, osoittaa olevansa vielä hullumpi.

Hulluuden hyöty

Joskus hulluksi tuleminen on vain tervejärkinen vastaus todellisuudelle.

Huutajille

Onnettomuuspaikalla priorisoidaan hodettevat ihmiset siten, että lujimpaa huutavat hoidetaan viimeisenä, ilmeisestä syystä. Voisikohan tätä periatetta soveltaa muihinkin yhteisiin asioihin?

Hyvin käyttäytymisen palkka

Hyvin käyttäytyvät naiset ovat harvoin päässeet historian kirjoihin. Kukapa kilttejä viitsisi muistaa...

Hyviä valheita!

Huonoja valheita on maailmassa liikaa, tarvitaan enemmän hyviä valheita!

Hyvistä teoista

Edes tiedostamattomat hyvät teot eivät ole pyyteettömiä. Niiden motiivit vain eivät ole tekijänsä tiedossa.

Hyvyyden ehdot

Tarvitaan kovaa ja kylmää viisautta, jotta hyvyys tuottaisi hyvää. Hyvyys ilman viisautta tuottaa aivan jotain muuta.

Hyvyydestä puhujista

Hyvyydestä saavat puhua vain ajattelevat ja tuntevat olennot. Tai siis, eihän maailmassa tai luonnossa muutenkaan ole sen enempää hyvää kuin pahaakaan, ainoastaan toteutuneita asiaintiloja.

Hyvyys voimattomuutena

Kun ei voimattomuuttaan kosta kärsimäänsä vääryyttä, voi sen aina ylentää "hyvyydeksi".

Hyvän ja pahan ikuinen ongelma

Hyvä ja paha kävelevät käsikynkkää. Siis mitään sellaista hyvää ei taida olla olemassakaan, jota ei myös paha voisi käyttää.

Hyödyllisistä epätotuuksista

On olemassa sellaisia harmittomia epätotuuksia, jotka tekevät sinusta rohkean, lempeän, ystävällisen ja onnellisen.

Hyödyllisyydestä höpöttäminen

Jatkuvat puheet "hyödyllisyydestä" ja "terveellisyydestä" ovat kulttuurin rappion merkkejä. Eihän elämä sentään ole pelkkää pisteiden keräämistä.

Hämähäkin verkko

Fysiikka ja hämähäkin verkko saalistavat vain niitä asioita, joita voidaan etukäteen kuvitella saavutettavan.

Hän luuleeko

Minä uskon sinun tietävän, että hän luulee. Minä tiedän sinun luulevan, että hän uskoo. Minä luulen sinun uskovan, että hän tietää. Mitä?

Häviämisestä

Kun ei pelaa, ei voi hävitäkään.

Hölmö tuottaa luulonsa

Jokainen hölmö löytää näyttöä mille tahansa uskomukselleen valitsemalla luuloaan tukevia yksittäistapauksia, ja pitämällä niitä todisteina.

Höpöttämisen halpuus

Puhuminen ei maksa juuri mitään, sen takia monet keskittyvät juuri höpöttämiseen.

Ihanteista

Kaikki nuo upeat ihanteet, joita meille tyrkytetään oikealta, vihreältä ja vasemmalta taitavat viime kädessä olla vain kauniita kangastuksia.

Ihminen outo eläin

Ihminen on ainoa eläin, jota pitää rohkaista elämään. Muuten murehdimme itsemme sairaiksi.

Ihminen selittää

Järkeämme me rakastamme käyttää eniten järjettömien tekojemme jälkikäteiseen parhain päin selittämiseen.

Ihminen tarinana

Ihmistä ei ole ilman oman elämänsä tarinaa. Jokaisen on muistettava itsensä.

Ihmiset ovat vaarallisia

Tarkkaan ottaen on vain vaarallisia ihmisiä, ei vaarallisia aseita. Pahinta on silti antaa aseita vaarallisille ihmisille, työkaluja tuhoajille.

Ihmisyyden ennakkoluulo

Monet ihmiset eivät pidä eläimiä moraalisina olentoina. Luulevatko he sitten eläinten pitävän ihmisiä moraalisina? Eläinten näkökulmasta ihmisyys lienee vain ennakkoluulo, josta eläimet ovat vapaita.

Ilmeiset asiat

Ilmeiset asiat ovat ilmeisiä vasta sitten kun ne on ensin keksitty.

Ilmiantaja

Totalitaarisessa yhteiskunnassa yksi ilmiantaja pystyy tuhoamaan kymmenen hyvää ihmistä.

Innovatiivisuuden hämärtämät

Ne, jotka puhuvat eniten innovatiivisuudesta eivät ilmeisesti edes ymmärrä, mistä puhuvat tai vähintäänkin yrittävät huijata kuulijoitaan. Myyviä ideoita eli menestyviä kaupallistettavia keksintöjä on näet käytännössä mahdotonta etukäteen tietää, siis "innovatiivisuus" selviää vasta tulevaisuudessa.

Irrationaalisuuden ilo

On antoisaa olla irrationaalinen. Sehän on johdonmukaisinta sääntöjen mukaan ajattelematta olemista.

Istuminen on myrkkyä! Kävelemisen ylistys

Istu niin vähän kuin voit. Kävelyä parempaa ajattelun voimistajaa ei ole tähän päivään mennessä keksitty.

Itsekkyydestä

Jos olisin tänään vähemmän itsekäs, olisin huomenna nykyistä viisaammin ja tehokkaammin itsekäs.

Itselleen puhumisesta

Puhun itselleni, koska hyväksyn vain omat vastaukseni.

Itseoppineista

Kun oppii asioita itse ilman opettajaa tai instituution apua, osaa paremmin ajatella itse.

Itsestäsi puuhaa

Itsestään puhuminen on antoisinta ja mielenkiintoisinta puuhaa. Ilmeisesti tämän takia juuri kukaan ei jaksa kuunnella mitä muut puhuvat.

Itsetunnon tärkeys

Useimmille meistä itsetuntomme vahvistaminen on selvästi ruumiimme vahvistamista tärkeämpää.

Itseyden ylin

Jos et tarvitse ketään muuta kuin itseäsi, olet joko peto tai jumala.

Jokainen vastaa itsestään

Kaikkien tosiksi väitettyjen asioiden on itse perusteltava oikeassa olemisensa. Avuksi ei saa huutaa auktoriteettia tai kansanäänestystä.

Joukon ansiota

Joukossa mielenvikaisuus lisääntyy ellei ole suorastaan sen tuottamaa.

Joutilaisuuden armosta

Monet hauskat ja hyvät asiat kehkeytyvät joutilaisuudessa. Onko kiireellä ja hosumisella samanlaista näyttöä? On parempi olla tekemättä mitään kun touhuta tyhjää.

Jänis ja pahantekijä

Auton ajovaloihin joutunut jänis ei millään ymmärrä hypätä pimeyteen turvaan ennen kuin viimeisellä hetkellä. Toistaiseksi me ihmiset emme ole kyenneet millään ymmärtämään onnellista pahantekijää ; sen verran jäniksen kaltaisia me olemme. Joten ...

Kaikki muuttuu

Vaikka luulet pysyväsi samana, muutut koko ajan. Et ole sama ihminen tänään kuin olit eilen. Huomenna olet jo eri mieltä asioista, joihin tänään uskoit. Käy siis aina äänestämässä ennakkoon!

Katselemisen tapa

Kun muuttaa tapaansa katsella asioita, nekin muuttuvat samalla.

Katso minne kuljet!

Katso aina minne kuljet tai voit joutua sinne minne et katsonut.

Kauppakeskukset kirkkoina

Aiemmin ihmiset tapasivat toisiaan monesti kirkoissa. Nykyään kauppakeskukset ovat ottaneet tuon roolin, ja ne antanevat ihmisille jotain, mitä aiemmin kirkossa käynti antoi, niinkö?

Keinoista

Tavoite ei voi oikeuttaa keinoja, koska käytetyt keinot muuttavat sitä mitä tavoitellaan.

Kesken on moni

Vaiheessa on kaikki täällä, elon päällä. Tekemistä olisi sitä ja tätä, vaan siitä etenee vain vähä.

Keskiarvon arvo

Tarkemman tiedon puutteessa meille kelpaa keskiarvo.

Kieli on arvokkainta!

Arvokkainta meillä on kieli, tosin sillä on vahva huijaamiseen suuntautunut mieli.

Kielen rajoista

Kielellä ei voi totuutta ilmaista, se on tunnettava.

Kiire on kova!

Jos ei ole aikaa lukea, ei taida olla aikaa kirjoittaakaan.

Kiitos Titanic!

Jos Titanicin onnettomuutta ei olisi tapahtunut vuonna 1912, olisimme rakentaneet aina vaan suurempia valtamerialuksia, ja tällöin väistämättä tuleva onnettomuus olisi ollut valtavasti suurempi.

Kirjaa kaipaan

Jos etsit jotain tiettyä kirjaa, etkä löydä sitä mistään, se tarkoittaa, että joudut kirjoittamaan sen itse.

Kirjat ja laumat

Ihmiset ostavat niitä kirjoja, joita muutkin ovat ostaneet. Haluamme tietää, mitä muut ajattelevat, jotta voisimme ajatella samoin.

KIrjojen lukemisen arvosta

Jos lukisin yhtä paljon kirjoja kuin monet lukevat, olisin varmaan yhtä tylsämielinen kuin he ovat.

Kirjojen ostamisesta

Kirjojen ostaminen voisi olla hyvä idea, jos voisi samalla ostaa aikaa niiden lukemiseen.

Klassikot!

Niitä kirjoja, joita kukaan ei lue, mutta joita kaikki kehuvat, kutsutaan klassikoiksi.

Kohtalon kurjistamat

Tarkemmassa syynissä monet kohtalostaan valittavat ovatkin itse tilansa rakentaneet...

Kokeellinen näyttö

Jos filosofia haluaisi käydä tieteestä, sillä ei voi olla uskonkappaleita, jotka oletetaan tosiksi ilman kokeellista näyttöä.

Kokemuksen oppikirja

Kokemus opettaa meille enemmän kuin tuhat oppikirjaa.

Kolmen pysyvyys

Kolmea ei kannata vaihtaa, sillä siitä seuraisi enemmän harmia kuin hyötyä: yksi, kaksi, (jotain), neljä, ...

Kolmesta asiain luokasta

Oikeastaan on vain kolme asiain luokkaa, jotka ihmisiä kiinnostavat: Kuvitelmat, luulot ja juorut. Valitse omasi.

Kolmikkokoodi

Musta-valkoista vastakkainasettelua paremmin maailmaa taitaa kuvata kolmijako, tiedättehän: Mehyvät, Terumat, ja Hepahat!

Kommunismin ongelma

Kommunismi ei toimi, koska ihmiset haluavat omistaa tavaroita.

Kouluopin kritiikki

Luokkahuoneissa opimme ratkaisemaan ongelmia, joille selvä ratkaisu on olemassa, senhän opettaja jo tietää. Tosielämässä emme tiedä, onko ratkaisua ollenkaan tai miten se voisi löytyä. Hyvillä koulu-arvosanoilla ei ole ihan samaa arvoa koulun ulkopuolella kuin mitä niillä on koulun sisällä

Koulutuksen hyödyistä

Lasten koulutuksesta on sekin hyöty, ettei enää tarvitse rangaista aikuisia.

Koulutuksestaan ylipääsemisestä

Olen saanut hyvää koulutusta, mutta siitä eroon pääseminen vei vuosia.

Korkealla lentämisestä

Mitä korkeammalla lennät, sitä pienemmältä näytät niiden silmissä, jotka eivät osaa lentää.

Kuka hyötyy -työkalu

Asioiden juurelle pääsee helpoimmin kysymällä sinnikkäästi "Kuka tästä hyötyy?" Tätä työkalua kaikki huijarit pelkäävät.

Kulkemisesta hautaansa

Kiireellä pääsee varmasti nopeammin vain omaan hautaansa.

Kumpi?

Toista en vaihda, mutta kumpaa?

Kumpi vai kampi?

Haluanko olla suurin piirtein oikeassa vai täsmälleen väärässä?

Kuolema

Kuoleman pelko on ennakoitu menettämisen tunne, kun varsinaista menetystä ei voi enää kokea, sattuneesta syystä.

Kunniasta

Mielihyvä on ohimenevää, kunnia kuoleman jälkeen ikuista.

Kuokkavieraat

Halutessasi puhua totta sinun on pidettävä tarkasti huolta siitä, ettet lausu totena mitään sellaista, joka on vain todennäköistä, sillä kun päästät suustasi yhdenkin epätotuuden, lukemattomat muut varmasti seuraavat.

Kuoleman jälkeen

Kuolemasi jälkeen olet taas sitä samaa, jota olit ennen syntymääsi.

Kuoleman jälkeisestä elämästä

Minkä ongelman ajatus kuoleman jälkeisestä elämästä oikeastaan ratkaisee?

Kuoleman karttamista

Jos etukäteen tietäisin, missä tulen henkeni heittämään, niin en tietenkään menisi sinne.

Kuolevaisuudesta

Kuolevaisina meidän olisi asiallista käyttäytyä kuolevaisten tavoin.

Kuritonta

Se, joka kuritta kasvaa, kuolee joka tapauksessa

Kurittomat ajatukset

Mieleni metelöinti herättää minut usein öisin eivätkä ajatukseni vaikene vaikka kuinka niitä kiellän.

Kuvittelen

Meissä elää voimallinen taipumus pikemminkin kuvitella kuin ymmärtää, ja tämän pahin ilmenemismuoto on ymmärtämisen kuvitteleminen.

Kylvyssä laulajista

Onneksi kylvyssä laulaa tapaavat eivät tee sitä julkisesti.

Kysymyksen ehdot

Vain sellaisia kysymyksiä voidaan esittää, joihin vastaus on jo miltei tiedossa. Vain sellaiset kysymykset kuullaan, joihin voidaan vastata.

Kyytiläiset

Suuri osa perimämme geenistöstä ei kuulemma koodaa yhtäkään elimistömme proteiinia. Ne ovat pelkästään kyydissä mukana.

Kärsimyksestä

Maailmassa on kärsimystä niin paljon sen takia, että kärsimyksen tuottaminen taitaa olla juhlaa ja suoranaista nautintoa sen tuottajalle.

Kärsimys, lisää sitä!

Monet nauttivat kärsimyksen esityksistä ja näkemisestä aivan entisaikojen malliin. Nykyään elokuvat ja TV-ohjelmat tuottavat sitä samaa riemua ihmisille mitä mestaukset, teloitukset ja roviolla polttamiset tekivät aikoinaan.

Kärsivällisyydestä

Kärsivälliseksi oppii opettelemalla sitä kärsivällisesti.

Käsitysten erilaisuudesta

Komin kielessä taivas on Jumalan iho. Se peittää ja suojelee Luojaa meiltä.

Käytäntö lyö teoriaa nokkaan

Teoriassa kaikki mielipiteet ovat samanarvoisia, mutta käytännössä eivät.

Käänteinen Obelix-ilmiö

Monet koukussa olevat kykenevät hämmästyttäviin suorituksiin huumettaan tavoitellessaan, mutta menettävät kykynsä huumeensa saatuaan.

Käänteisen historian ongelma

Meidän on mahdotonta selvittää jälkikäteen vesilammikon synnyttäneen jääpalan muotoa tai palauttaa paistettu kananmuna alkuperäiseen muotoonsa. Ja silti me uskomme historian kertovan jotain todellista menneisyydestä.

Köyhien auttamisesta

On jo tarpeeksi saatu esimerkkejä siitä, ettei rikkaiden tappaminen auta köyhiä.

Laatu

Laatu tai erinomaisuus ei ole teko, vaan toimimisen tapa.

Lainaamisen ihanuudesta

Kun emme osaa ajatella itse, voimme aina lainata.

Lain olemus

Ei laki viisaudesta synny vaan auktoriteetista.

Lapselliset

Lapsellisia ovat lapsen lailla toimivat aikuiset, siis suurin osa meistä.

Lapsien pilaaminen

Lapsensa voi pilata tekemällä heidän elämästään liian helppoa.

Laskuvarjon mielestä

Mitä yhteistä on laskuvarjolla ja ihmisen mielellä? Kumpikaan ei toimi suljettuna.

Lasten kasvatuksen tärkein sääntö

Muista, että lapset ovat persoonia. Vaikka he ovat hieman sinua lyhyempiä, ei siitä seuraa, että he olisivat sinua tyhmempiä.

Lasten leikkiä

Jotkut totuudet valkenevat vain lapsille. Aikuinen on lähinnä itsensä löytämistä saavuttaessaan lasten leikin vakavuuden.

Laulujen kyvyttömyydestä

Rakkauslauluja maailmassa on enemmän kuin mitään muita. Jos ne oikeasti vaikuttaisivat, me kaikki rakastaisimme toisiamme.

Laumassa kuvittelee tietävänsä

Suuri yleisö on todistettavan ylimielistä sen suhteen, mitä se luulee tietävänsä. Tämä ei päde yksilöihin.

Leikkaamisesta

Asioillakin on kaksi puolta vaikka leikkaisit niitä äärettömyyksiin saakka.

Lepää!

Lepääminen on hyväksi. Lepää siis aina kuin voit, ainakin huolista, kateudesta ja vihasta. Levätessäsi keksit varmasti myös monia muita lepäämisen aiheita.

Lestissään pysymisestä

Fyysikko ei voi fysiikastaan käsin lausua mitään pätevää maalaustaiteen ansioista sen enempää kuin matemaatikko voi kertoa oikeudenmukaisuudesta juridiikassa. On aina käytettävä sopivia työkaluja.

Liiaksi oikeassa on pahasta

Me inhoamme oikeassa olevia. Heissä täytyy olla jotain vikaa.

Liikaa markkinoitu on liikaa

Voimakkaasti markkinoitu tuote on todennäköisesti ala-arvoinen tai haitallinen ja vähintäänkin tarpeeton. Mutta ostettuna se varmasti tuottaa voittoa valmistajalleen.

Lipsumisesta

Vähäisinkin lipsuminen totuudesta kyllä lisääntyy myöhemmin.

Loogista

Tekoäly voitaneen saada toimimaan loogisesti, ihmistä ei koskaan.

Lopullinen virhe

Ainoa todellinen virhe on jättää se korjaamatta.

Lopullisesta arviosta

Omaa elämäänsä ei voi itse arvioida tai tuomita, ei eläessään, koska on jäävi, eikä kuoltuaan, sattuneesta syystä.

Lukemisen ongelma?

Jatkuva lukeminen saattaa sittenkin olla haitallista ajattelulle... Monet oppineet ovat lukeneet itsensä tyhmiksi. Useimmat kirjat todistavat vain siitä, miten monella tavalla voi olla väärässä.

Luonteen testi

Paras luonteen testi on saada valtaa. Siitä vain harvat selviävät kunnialla.

Luonteesi luot

Se mitä olet tänään, on merkittävästi omien eilispäivän valintojesi tuottamaa. Joka päivä valitset itse mitä ajattelet ja teet, ja se määrää millaiseksi tulet. Ei sitä kukaan muu voi tehdä puolestasi.

Luonto ei kiirehdi

Luonto ei kiirehdi, ja silti kaikki tulee valmiiksi.

Luonto löytyy

Kenenkään ei tarvitse seurata TV-sarjoja, elokuvia tai lukea dekkareita. Ihmisluonnon surkeista puolista saa kattavan kuvan jo sanomalehtiä tai somekirjoituksia lukiessa, joita kumpaakaan ei juuri kannata seurata.

Luopumattomuudesta

Se, mistä en voi luopua, omistaa minut.

Luottamisen kieltosääntö

Täydellisiksi tai koskaan virhettä tekemättöminä itseään pitäviin ihmisiin ei kannata luottaa.

Lupaamisesta

Ihminen eroaa eläimestä siinä, että vain ihminen pystyy lupaamaan. Tämä on sitoutumista johonkin kuvitteelliseen, ehkä tulevaisuudessa tapahtuvaan asiaan, jota ei vielä ole.

Lupauksista

Liialliset sanat pilaavat kaikki lupaukset. Lupaus ei ole sanoissa, vaan niiden takana olevassa tulevan teon varmuuden toivossa.

Luulon omistamisesta

Kun kerran olemme jonkin käsityksen muodostaneet, on se muuttunut ikään kuin omaisuudeksemme, ja siksi emme halua virheellisistäkään luuloistamme hevillä luopua.

Lähimmäisen auttamisen nautinnon seurauksista

Lähimmäistään auttava nauttinee (vähintäänkin tiedostamattaan) omasta voimastaan ja ylemmyydestään. Autettava tietää tämän myös ja kokee joutuvansa kiitollisuudenvelkaan. Ja jos tämä velka kasvaa liian suureksi, se muuttuukin kostonhimoksi.

Lörpöttelijöistä

Lörpöttelijöiden pitäisi joskus myös osoittaa tekevänsä jotain, ja oikeastaan vain tekijöiden tulisi puhua.

M---------------------R

Maa on olemassa

Maa on olemassa, "Taivas" lienee vain haavekuva.

Maailma päässämme

Me luomme todellisuudesta esityksiä päässämme, ja kun todellisuus poikkeaa niistä merkittävästi, meillä onkin ongelma.

Maailman ymmärtämisen ehto

Jos haluaa oppia ymmärtämään maailmaa, on oltava valmis joka päivä korjaamaan ja muuttamaan aiempia käsityksiään.

Maailma voisi olla kaunis!

Maailma olisi kaunis paikka ellei täällä olisi niin paljon ihmisiä.

Matelemisesta

Kun ryhdyt matelemaan, älä paheksu tallotuksi tulemistasi.

Matkan tekoa

Jos et tiedä minne olet matkalla, kaikki tiet vievät sinne.

Menestymisen resepti

Tulet menestymään elämässäsi helposti, kun kiinnität huomiota
neljään periaatteeseen: valmistaudu, tee kovasti töitä, opi
virheistäsi ja loppu seuraakin sitten sattumasta.

Merkityksettömyydestä

MItä väliä on merkityksillä, eikö käytettävyys olisi kuitenkin paljon
oleellisempaa?

Mielenvikaa

Vaikka mielenvikaisuus on yksilöissä melko harvinaista, on se
ryhmissä, puolueissa, valtioissa ja aikakausissa pikemminkin sääntö.

Mielikuvituksen uskottavuus

"Hän kuvittelee" ja "se on hänen mielipiteensä" tarkoittavat, että
emme usko hänen sanoihinsa. Mutta miksi uskoisimme
omiammekaan? Eiväthän muutkaan niihin usko.

Mielipiteen arvon määräytyminen

Sellaisella mielipiteelläsi ei ole mitään arvoa, jos et sen esittäessäsi
ota riskiä joidenkin ihmisten suututtamisesta.

Miksi asiat toistuvat?

Jos maailma voisi saavuttaa "tasapainon", se olisi jo saavutettu. Tämän takia samat asiat toistuvat yhä uudelleen ja uudelleen ikään kuin jotain sellaista etsien, josta me emme mitään tiedä.

Minä?

Minä en ajattele, vaan ajattelu tuottaa minut. Niin se on minulle kertonut.

Missä vihollinen

Rakkaus ja viha ovat sukulaisia. Niillä on yhteinen vieras vihollinen, välinpitämättömyys.

Miten muistetaan parhaiten

Vain tuskalla ja kärsimyksellä saadaan ihmiseläin muistamaan asioita.

Moraalinen ihminen ?!

Toisin kuin löysämielisesti ajatellaan, moraalinen ihminen ei voi olla epäitsekäs, sillä hänhän nimenomaan ajaa oman moraalinsa asiaa.

Moraalista

Moraali näyttäisi olevan jonkin vähemmistön mieluisaa puuhastelua. Senkö takia enemmistö ei siitä suuremmin piittaa? Ja kun moraalista puhujat tarkoittavat aivan liian usein vain sitä, mitä muiden pitäisi tehdä, on sillä ikävä kaiku.

Muiden kuuntelemisesta

Jos olet kuunnellut vanhempiasi, opettajiasi, pappia, vertaisiasi tai jotain epämääräistä ystävääsi sen suhteen, miten tulisi elää, ja olet karmeassa suossa, voit syyttää vain itseäsi.

Muistojen arvojärjestys

On parempi, että on edes jotain muistettavaa, kuin että ei ole mitään kaduttavaa.

Murheen vastalääke?

Ottaisimmeko murheeseen lääkettä, jos sen vaikutuksesta emme surisi edes lapsemme kuolemaa?

Musiikista

Suurin osa hyvästä musiikista on sellaisten uskonnollisten ihmisten kirjoittamaa, jotka käyttivät peruukkia, ja oli heillä muitakin hassuja tapoja.

Naiivia riskin tulkintaa

"Ydinaseet ovat turvallisimpia, koska niitä käytetään harvoin."
Naiivit ihmiset luulevat riskin olevan menneisyydessä, kun se onkin
tulevaisuudessa.

Nainen

Nainen oli Jumalan toinen virhe, mutta ensimmäistä ei haluta
muistella.

Naisena olemisesta

Naisena oleminen on tosi vaikea ala, sillä siinä joutuu jatkuvasti
olemaan tekemisissä miesten kanssa.

Nauramisesta

Nauraminen sattuu lopettamaan tuskan.

Nauruton

Hukkaan meni sekin päivä, kun et nauranut kertaakaan.

Nälkäisenä

Vältä peruuttamattomien päätösten tekemistä nälkäisenä. Siitä ei
hyvää seuraa.

Neomania on tunnetta vahvaa

Vain "neomaanikot" kuvittelevat uuden olevan aina vanhaa parempaa. Jos näin olisi, niin ei kannattaisi koskaan tarttua tänään mihinkään, koska huomenna jo tulisi parempaa. Mutta järki ei ohjaa ihmistä. Uusi tuntuu paremmalta tänään. Ja huomenna sama uudestaan.

Nerokas kaava

Vallankäyttäjät toistavat aina samaa nerokasta kaavaa: he laativat lain, jota kukaan ei voi noudattaa, ja jota kaikki rikkovat. Sitten koko kansa onkin syyllinen ja sitä joutaa rangaista.

Nimi ei pilaa ketään

Ei nimi ketään pahenna, vaikka vanhemmat sitä aina yrittävätkin, sanoo nimimerkki "Ensiö Yrjö".

Nimeämisestä

Jonkin asian nimeämisen ja sen ymmärtämisen välillä on aika suuri ero.

Nuoret ovat humaltuneita

Nuoret ihmiset ovat kuin pysyvässä humaltumisen tilassa, sillä elämä on heille makeaa ja sitä nauttiessa he säilyvät päihtyneinä.

Nuoret tietävät

En ole enää tarpeeksi nuori tietääkseni kaiken.

Nykyhetkessä?

Eläminen "tässä ja nyt", nykyhetkessä, ei ole mahdollista unohtamatta kaikkea sitä, mikä on aiemmin tapahtunut. Vain tietynlaisen aivovaurion saaneet ihmiset pystyvät siihen.

Näitä vältä

Kannanottoja "Ei onnistu!" ja "Mahdotonta!" tulee välttää. Et näet mitenkään voi tietää tänään, mitä huomenna tulee tapahtumaan.

Näkemisen ehto

Näkemiseen tarvitaan vain katsomista. Tärkeintä on pitää silmänsä auki ja mielensä avoinna.

Näyttelemisen ongelma

Voit olla vain jonkun toisen huonompi versio, mutta paras versio itsestäsi.

Odottamattoman saapuminen

Jos et ole varautunut odottamattoman saapumiseen, et huomaa sitä kun se saapuu.

Oikein tapa?

Minulla on oma tapani tehdä ja ajatella asioita. Sinulla on varmaan omasi. Sovitaanko, ettei yhtä oikeinta tapaa ole olemassa?

Oikea, oikeampi, oikein

Ei ole vielä tähän päivään mennessä löytynyt sitä oikeista oikeinta uskoa ja oppia, joka ylitse muiden voisi omaa erinomaisuuttaan ja täydellisyyttään esitellä. Yrittäjistä ei ole puutetta.

Oikeasta ja väärästä kysymyksestä

Miten saamme hullun ymmärtämään tosiasioita? Tämähän on väärä kysymys. Oikein on kysyä, miksi meidän pitäisi piitata siitä mitä hullu ajattelee.

Oikeudenmukaisuus löytyy

Oikeudenmukaisuuden löydät kohtelemalla muita aina reilusti riippumatta siitä, miten he sinua kohtelevat.

Olemisesi perustasta

Äitisi ja isäsi eivät ole sinua luoneet. Olet tullut vain heidän kohtaamisensa kautta.

Omanlaisensa

Kukaan ei pääse irti nahoistaan, eikä silmä näe itseään.

Oman tiedon yliarvostuksesta

Pidämme tylsistyneenä liikaa kiinni siitä, mitä (jo) tiedämme. Sen, mitä emme (vielä) tiedä luulisi olevan kiinnostavampaa.

Omatunnosta

On ihmisiä, jotka eivät tunne syyllisyyttä teoistaan. Muiden ihmisten täytyy toimia heidän omatuntonaan.

Omistamisen jano

Omistaminen on kuin joisi merivettä. Mitä enemmän sitä juo sitä janoisemmaksi tulee. Ja sama pätee maineeseen, ja valtaan, ja ...

Ongelmien äiti

Väestönkasvu on kaikkien ongelmien äiti, sillä se kasvattaa pienistä ongelmista suuria.

Onnea itsestään

On toki vaikeaa löytää onnea itsestään, mutta miltei mahdotonta löytää sitä jostain muualta.

Onnellinen

Yksi tervejärkisimmistä, varmimmista ja jalomielisimmistä elämän iloista on iloita toisten onnellisuudesta.

Onnellisuudesta

Voittojensa ja omistuksiensa ajatteleminen voi tuottaa onnellisuuden tunteen, ehkä hetkeksi. Kohta alkaa halu saada lisää jo vaivaamaan.

Onnellisuudesta-2

Tuskin onnellisuuteen tarvitaan kummoisia asioita, hyvä terveys ja heikohko muisti riittävät.

Onnellisuudesta-3

Onnellisuus taitaa olla enemmän olemisen tapa kuin saavuttamisen kohde.

Onnen instituutiot

Ne valtiokoneiston rakentamat instituutiot, joiden pitäisi tuottaa onnea kansalaisille, tekevätkin usein jotain aivan muuta.

Opettamisesta ja tekemisestä

Opettaminen on osaamisen ymmärtämistä, tekeminen osaamisen käyttöä.

Opimme

Opimme helposti vain yksittäisiä faktoja, mutta sääntöjen kanssa olemme jo sekaisin.

Oppia ikä kaikki

Vain omista virheistään voi oppia. Muiden virheet ovat pelkästään hauskaa seurattavaa.

Opiskelemisen ilosta

Jo pelkästään vähän tietääkseen täytyy opiskella kovasti.

Oppimisen arvo

Ihminen elää ja oppii, tai ei opi, eikä kohta enää elä.

Optimistin mielenmuutos

Saadessaan kaikki asiaan vaikuttavat tiedot käyttöönsä moni optimisti muuttuukin pessimistiksi.

Orjuuden määritelmä

Jos ei vähintään kaksi kolmasosaa valveillaolosi ajasta ole itsesi käytössä, olet enemmän tai vähemmän orja.

Ovelasti huijaan

Kerron vain osan totuudesta, mutta oikeaan aikaan.

Pahantekijän tuntemus

"Pahantekijä" ei juuri koskaan koe tehneensä mitään varsinaisesti väärin, vaan hänen tulkintansa mukaan hänen "hyvä" tarkoituksensa meni jotenkin odottamattomalla tavalla pieleen.

Paikallaan pysyy

Eteneminen on mahdotonta paikallaan pysyen.

Palkkatyö on orjuutta!

Jos ei pidä palkkatyötä järjestelmällisenä orjuutena on joko sokea tai palkkatyöläinen.

Paradoksiko?

Yksi maailman suuri paradoksi on se, että teetpä mitä tahansa, aina löytyy niitä, jotka löytävät teostasi jotain moitittavaa tai ainakin sen kuvitellusta motiivista jotain alhaista ja rumaa, ja syyttävät siitä sitten sinua.

Paras opettaja

Kun autat ihmisiä niin, etteivät he kohta enää tarvitse sinua, olet paras opettaja.

Pelastustien ongelma

Jos taivaaseen olisi yksi ainoa tie, olisi se täysin tukossa sinne pyrkijöiden kuormittamana. Toki se antaisi lippujen myyjille hyvät tienestit.

Pelkäämisen ehdoista

On syytä pelätä oikeilla perusteilla. Ilman niitä pelkääminen on vain tyhmää.

Perimmäisimmästä kysymyksestä

Kumpi onkaan perimmäisempi kysymys, mitä me tiedämme vai miten me sen tiedämme?

Pelkkää tietoa

Pelkkä tieto jostakin oikeasta teosta ei koskaan riitä sen tekemiseksi.

Peloissaan elämisestä

Unelmiemme toteuttamisen pahin este on pelkojemme kanssa eläminen.

Perspektiivin totuus

Vain omasta näkökulmastamme katsoen asiat herättävät meissä tunteen aidosta totuudesta.

Pettämisen alkuperästä

Pettäminen alkaa jo kohdussa; sikiö yrittää huijata äidiltään enemmän resursseja kuin tämä on halukas antamaan. Joskus se onnistuu, toisinaan ei.

Pienin luku

Yksi on ykseys, joten pienin luku taitaakin olla kaksi.

Pitääkö olla huolissaan?

Onko sinulla tänään huolia? Älä suotta ole murheissasi, kyllä niistä osa on seuranasi huomennakin.

Puhumisen ongelma

Mitä enemmän puhumme, sitä vähemmän ajattelemme.

Punaisen takin erinomaisuudesta

Me punaista takkia käyttävät olemme huikeasti parempia kuin muun värisiä takkeja päällään roikottavat reppanat.

Puutteen elämys

Markkinatalous eli nykyinen jumalamme, kukoistaa puutteen elämyksen tuottamisesta. Ihmiset on saatu uskomaan ja kokemaan, että he tarvitsevat sitä tai tuota, ja huomenna jo jotain muuta.

Puutteen kuvittelemisen ikävä riesa

Sen haluaminen ja sureminen mitä sinulla ei ole, tarkoittaa vain, että olet jo unohtanut sen kaiken, mitä sinulla jo on.

Pystymisestä

Me kaikki pystymme paljon enempään kuin ajattelemme pystyvämme.

Pyy parempi

Parempi pyy pivossa kuin pyytää olemattomia.

Päivien arvo

Päiviesi arvo ei tule siitä, mitä korjaat, vaan siitä mitä kylvät.

Päänsä sekoittamisesta

Päihteet eivät sinänsä ole pahasta. Jos sen sijaan päihteitä käyttäessäsi kuvittelet voivasi käyttäytyä paskapään tavoin, se on ongelma.

Raivaa!

Raivaa polkusi umpimetsään, ja varmasti saat pian seuraajia.

Rakastamisen ylettömyydestä

Eniten pystyvät vihaamaan ne, jotka rakastavat ylettömästi.

Rakkaus tilana

Kun toisen ihmisen onnellisuus on ehtona omalle, voitaneen paremman puutteessa puhua rakkaudesta.

Rakkauden loppuminen

Kun rakkaus loppuu, käy järkeen lähteä etsimään sitä muualta.

Rangaistuksen hyödyttömyydestä

Rankaisemalla harvoin saadaan aikaan sitä vaikutusta, jota sillä etsitään.

Riittämisestä

Jos vähän ei riitä, ei riitä paljonkaan.

Riskien epäsymmetria

Jokainen ymmärtää, että yrittäjällä on henkilökohtainen riski. Sen sijaan palkkatyöläisen riski on piilossa, ja se tulee esiin vasta "muutosneuvotteluissa" tai yllättävässä konkurssissa.

Roistoista ja tolloista

Roistot ja tollot todistavat omalla käytöksellään.

S----------------T

Salaista

Monesti puheliaimmat meistä eivät kerrokaan itsestään mitään vaikka puhuvat koko ajan omista asioistaan.

Samaa mieltä!

Samaa mieltä olevilta ei voi oppia mitään.

Sananvapaudesta

Se, joka haluaisi kaikkien puhuvan suunsa puhtaaksi, ei puhu totuuksista, vaan mielipiteistä. Ja niiden huutelemisesta voidaan perustellusti olla eri mieltä.

Sanomisesta

Se mitä hänestä sanot, kertoo viime kädessä enemmän sinusta kuin hänestä.

Selittelemisen voimattomuudesta

Eivät ihmiset osta selittelyjämme. He vain jättävät asian sikseen, koska eivät halua kuulla enempää jaaritteluamme.

Sattumalta löytäminen

Maailmassa keksitään jatkuvasti uusia asioita, joita ei alunperin tavoiteltu, mutta jotka muuttivat sitten maailmaa merkittävästi. Tämän jälkeen ihmetellään, miksi asiaa ei keksitty aiemmin tai jopa selitetään keksintö suunnitelluksi.

Seuraamisesta

Vasta kun lopetamme seuraajiemme seuraamisen, ymmärrämme miten turhia seuraajat ovat.

Shakista oppii

Vain häviöistään oppii pelaamaan shakkia paremmin. Ja tämä sääntö pätee yleisesti.

Sisältö on tärkein!

Tyhjä on pää ilman sisältöä, pelkät aavistukset sokeita.

Sodasta ja rauhasta

Käymme sotia voidaksemme elää rauhassa, mutta sodan voittaminen on helpompaa kuin sen jälkeisen rauhan rakentaminen.

Suhteet ovat tärkeitä

Suurin osa suruistamme on peräisin suhteistamme muihin ihmisiin.

Sukupuu helposti!

Kaikkein helpoin tapa rakentaa sukupuunsa on ryhtyä poliitikoksi. Vastustajasi tekevät sen puolestasi.

Suurimmat kokemuksemme

Hiljaisia ovat suurimmat kokemuksemme. Melulla ei arvoa luoda.

Suvaitsen en

Kun me suvaitsemme suvaitsemattomia, he suvaitsevat lopulta tuhota meidät.

Syistä vai seurauksista

Vain seuraukset kiinnostavat laumaa. Syistä se ei ole kiinnostunut.

Syyllisyydestä

Syyllisyys, katumus ja anteeksianto eivät ole ihmisluontoon kuuluvia asioita. Ne pitää väkivalloin opettaa jokaiselle uudelle sukupolvelle.

Syyttelystä

Jos syyttää aina muita omasta epäonnistumisestaan, syyttelylle ei tule ikinä loppua.

Syy vai seuraus

Uskomme syihin ja niiden välttämättömiin seurauksiin saattaa sittenkin olla vain ajattelumme virtailun muoto. Seurauksien jälkeen näemme jo toisia syitä.

Säälin ja ilon epäsymmetriasta

Miksi me säälimme ihmisiä heidän epäonnestaan, mutta emme iloitse heidän onnestaan?

Sääntöjen noudattamisen vaarasta

Säännön liian tunnollinen noudattaminen kasvattaa eroon siitä päämäärästä, joka oli säännön noudattamisen alkuperäinen tarkoitus. Jos nyt päämäärä näet muuttuu, ei osata enää muuttaa sääntöä.

Säästän elämääni

Kun säästää itseään elämältä, sairastuu väistämättä elämän puutteeseen.

Taide ja mysteeri

Jos taiteessa ei ole selittämätöntä, mysteeriä, ei se ole taidetta vaan (käsityö)taitoa.

Taide ja tiede

Eläminen ja tietäminen suhtautuvat toisiinsa kuten taide ja tiede; toinen on tekemistä ja toinen taas tekemisen työvälineiden suunnittelemista ja kuvailemista.

Taidot havaitaan jälkikäteen

Suurin osa taidoksi kutsumastamme havaitaan vasta taitavan teon jälkeen.

Taivaan tylsyys

En halua mennä Taivaaseen, koska sieltä puuttuvat kaikki mielenkiintoiset henkilöt, eikä yksikään ystäväni edes ole siellä.

Talouselämän kritiikki

Mikä voisi olla sellainen myönteinen asia, joka kasvaisi 10 % joka vuosi, vuodesta toiseen? Jokin taho taitaa vedättää meitä.

Tapahtumisten luokista

On huomattavasti vaikeampaa unohtaa sellaiset tapahtumat, jotka ovat oikeasti tapahtuneet, kuin keksiä juttuja olemattomista tapahtumista.

Tarina vai totuus

Jos jollakin tarinalla olisi valta tai voima tuottaa kärsimystä sillekin, joka ei siihen usko, todistaisiko se jotain tarinan totuudesta?

Tasa-arvon puute

Itse tasa-arvoa ei löydä oikein mistään, mutta puhetta siitä piisaa; puhetta siitä mistä puute.

Tekemisemme tulkitaan väärin

Tekojamme ei koskaan ymmärretä oikein. Niitä joko kehutaan tai haukutaan.

Telekinesiaa!

Ne, jotka uskovat ajatuksen kykyyn liikuttaa esineitä, nostakoon
kättäni.

Temposta on kysymys

Eivät nuoret ja vanhat, naiset ja miehet tietenkään ymmärrä
toisiaan, hehän elävät täysin erilaisessa elämän rytmissä ja
tempossa.

Tiede ja taikuus

Yhden tiede onkin toiselle taikuutta ja kolmannelle keino tehdä
rahaa.

Tiedämmekö?

Vaikka me tietäisimme, että emme voi tietää mitä emme tiedä, niin
mitä me silloin tietäisimme?

Tiedänkö mitä teen

Ei kukaan todella tiedä mitä on tekemässä, joten voit lopettaa
murehtimisen.

Tieteen perimmäinen ongelma

Tiede ei pysty ratkaisemaan luonnon perimmäisiä mysteerejä. Tämä johtuu siitä ikävästä asiaintilasta, että me ihmiset olemme osa tätä ongelmaa, jota yritämme ratkaista..

Tietoako, ymmärrystä lehdistä, uutisista?

Sanomalehtien jatkuva lukeminen vähentää ymmärrystä, mutta lisää tietämisen tunnetta. Todellinen tieto on hitaasti saavutettavaa ymmärrystä, jota hyvien kirjojen lukeminen saattaa lisätä, mutta tämän päivän sanomalehtien lööpit ja hätäiset raportit ovat huomenna jo unohtunutta löpinää. Tämän takia lehtiä pitääkin tuottaa päivittäin. Ja samaa pätee soveltuvin osin radio- ja TV-uutisiin.

Tieto ja teko

Tiedän kyllä mitä minun(kin) pitäisi tehdä, mutta eipä nyt huvita. Moitin silti hölmöiksi niitä, jotka tekevät asioita ymmärtämättä täysin miksi he niin tekevät.

Tietämisen kirous

Mitä enemmän tietää, sitä suuremmaksi käy tietämättömyyden tunne.

Tietämättömyys on tylsää

Typeryydessä on sentään aina jotain mielenkiintoista särmää, mutta tietämättömyys on vain tylsää.

Tilaisuutensa menettäminen

Monet ihmiset jättävät elämänsä tilaisuuden käyttämättä, koska se näyttää rumalta ja vaikuttaa vaativan liikaa työtä.

Tilin tekoa

Ei kannata esittää sellaisia väitteitä, jotka joku voi osoittaa virheellisiksi ellei ole jo ehtinyt tehdä rutosti tiliä ennen paljastumistaan.

Totuus ei voita

Totuus ei koskaan voita – sen vastustajat vain kuolevat pois.

Tulevaisuus

Tulevaisuuden tulisi kuulua niille, jotka uskovat unelmiinsa ja tekevät niiden eteen työtä.

Todellinen luonto

Ihmisen todellinen luonto paljastuu vasta kun hän saa mahdollisuuden rikkoa moraalista tai eettistä sääntöä siitä kiinni jäämättä.

Todellisuuden rymyämistä

Vaikka et haluaisi käsitellä todellisuutta, se käsittelee silti sinua.

Todennäköisyyksistä

Todellisen elämän todennäköisyyksiä ei tunneta, ei voida tuntea, eikä ymmärretä ettei niitä voi tuntea.

Todistaminen ei riitä

Ihmiset eivät vaikutu todisteista eivätkä "faktoista". Heidät pitää houkutella todisteiden kannalle kauniilla puheilla ja muulla viekoittelulla.

Tosi innostunut

Tosi innostunut ei muuta teekään.

Tosi luotettava

Hän on tosi luotettava. Hänen käsityksensä ovat kiveen hakattuja.

Tosi tarinaa

Tosiasioista kiinnostuneet ihmiset ovat viime kädessä kiinnostuneita tosiasioista kertovista tarinoista.

Tosi tärkeää

Tärkeää on vain se, minkä menettämistä pelkää tai mitä ilman ei tule toimeen.

Totuuksien luonne

Vaikka puhuisit totuuksia enkelten kielellä, mutta sinulla ei olisi auktoriteettia, ei kukaan uskoisi sinua.

Totuus ja valhe

Totuudella ja valheella ei ole mitään tekemistä ihmisen maailman ulkopuolella.

Totuus syntyy toistamalla

Jottemme käyttäisi aivojamme liikaa evoluutio on antanut meille hienon nyrkkisäännön : totta on se mikä toistuu!

Trendin ydin

Trendissä kuuluu lauman tahto tai sitten se on jonkin toisen tahon myyntipuhetta.

Tulevan tiedon paradoksi

Aikakone on käytännössä mahdoton, sillä jos se tultaisiin joskus keksimään, niin me tietäisimme siitä jo nyt.

Turhaa totuutta maailma ei tarvitse

Vain filosofit jaksavat jauhaa Totuudesta. He lienevät liian joutilaita pohtimaan tällaista käytännössä käyttökelvotonta asiaa sillä aikaa, kun käytännön ihmiset rakentavat maailmaa.

Tuska ja aurinko

On turhaa valittaa tuskastaan sen perusteella, että se koskee. Sehän on sen luonto! Syytätkö aurinkoa siitä, että se sokaisee?

Typerehtimistä

Ihminen selittelee eilisiä tekojaan, valittelee nykyhetkeä, ja on peloissaan huomisesta.

Typeryksen ongelma

Typeryys on monesti vain siinä, ettei osaa pitää sitä piilossa.

Typeryksille kirjoittavista

Typeryksille kirjoittavilla on aina suuri yleisö.

Typeryyden ikuisuus

Tietämättömyys voidaan aina parantaa, mutta typeryys säilyy ikuisesti. Jopa nerouden ja typeryyden oleellisena erona on se, että neroudella on rajansa.

Työn tärkeys

Tieteessä ja elämässä ja ehkä muuallakin pätee sama laki. Jatkuvasti paikallaan istuva ja lepäävä vain rappeutuu ja kuolee pois. Terveys säilyy vain jatkuvan liikkeen (työn) kautta.

Tänään on eilisen huominen

Muistatko vielä, että eilen murehdit sitä, mitä huomenna voisi tapahtua?

Tärkeintä elämässä

Oppimisen kertaus : Elämässä tärkeintä on siis toimiminen ja touhuaminen, näet paikallaan olemisen ja tekemättömyyden voi huoleti jättää kuolleille.

Tärkeys on uskoa

Enkelten ongelmat ovat tärkeitä niille, jotka uskovat niiden olevan tärkeitä.

U----------------Ö

Uimisen tunne

Elämä virtaa ja vie meitä mukanaan, ja me kuvittelemme uivamme haluamaamme suuntaan.

Uskonnon käyttöaiheet

Uskonnosta on moneksi. Hallitsijoiden mielestä uskonto on heille hyödyllistä, tavallinen kansa pitää sitä totena, ja viisaaksi itsensä kokevat pitävät sitä ampumatauluna.

Uskonnoton

Uskonnotonta ei edes ateismi kiinnosta.

Uskon vahvistamisen loputtomuudesta

Uskoaan vahvistavia todisteita jatkuvasti etsivillä on ongelma oikea: milloin niitä on riittävästi?

Uskon vääristymä

"Minä uskon näin ja siksi sinunkin on uskottava niin", pilaa kaikki opit ja uskonnot.

Uutisten arvosta

Tärkeitä uutisia ei voi olla kuulematta, jos on edes hieman yhteydessä muiden ihmisten kanssa. Sen sijaan ne päivän "uutiset", joita ei halua kuulla huomenna, olivat turhia jo tänään.

Vaikeudet ovat hyödyllisiä!

Vaikeudet kasvattavat älyä, helppo elämä velttoutta.

Vain voittajat muistetaan

Historia on jossain määrin - ellei peräti vakavasti - harhautunut tapa ymmärtää maailmaa. Häviäjät eivät näe kirjoita historiaa eikä miljoonien julkaisemattomien käsikirjoitusten puute näy missään. Otoksesta puuttuvat asiat vinouttavat otoksen luotettavuutta.

Valehtelu parhaimmillaan

Parhaiten valehtelen, kun en usko valehtelevani

Vallan kumous

Vallan väkevin vastaväite on valta itse.

Valinnan vapaudesta

Valinnan vapauden mukana on tultava myös kieltäytymisen vapaus.

Vallassamme

Kaikki, mikä on vallassamme tehdä, on myös vallassamme jättää tekemättä.

Valta ja tulkinta

Valta määrittelee jokaisen käsityksen hyväksyttävän tulkinnan, totuus ei tätä tee.

Valtioiden vitsit

Jokainen valtio esittää toisen naurettavana, ja kummatkin ovat oikeassa.

Valo on vikkelä

Valo kulkee ääntä nopeammin ja siitä seuraa muun muassa, että jotkut ihmiset näyttävät fiksuilta ennen kuin kuulemme heidän puhuvan.

Varkaiden uskosta

Useimmat varkaat ovat tosissaan sitä mieltä, että rehellisyys on hyve, mutta tässä he puhuvat vain muista ihmisistä.

Vastakohtien ykseys

Vastakohdat ovat kuitenkin aina yhteismitallisia.

Valta sokaisee

Valta sokaisee sen saajan välittömästi. Hän muuttaa uskomuksiaan muun muassa muista ihmisistä oitis: heillä ei enää ole samaa arvoa kuin ennen.

Valtakunnan tuho

Ei valtakuntia valloittamalla tuhota, kyllä ne tuhoavat itse itsensä rappeutumalla.

Vanhenenko?

Vanhetessaan ihmiselle tapahtuu monia asioita. Ensinnäkin muisti heikkenee, ja enpä nyt muista niitä muita.

Vankkumattomat

Nämä ovat vankkumattomat periaatteeni. Toki voin niistä tiukan paikan tullen myös hieman joustaa.

Vapaa aika

Vapaa-aika on miltei kaiken filosofian äiti. Tästä on tosin muutamia poikkeuksia.

Vapaasta tahdosta

Vaikka meillä olisikin vapaa tahto, emme me näytä sitä käyttävän. Toki olemme vapaita sanomaan mitä haluamme, mutta emme ole vapaita haluamaan mitä haluamme.

Vapaus!

Siveellisyys ja vapaus ikävä kyllä sulkevat toisensa pois. Ensin mainittu on pakkopaita, johon sullottuna jälkimmäinen tuhoutuu.

Varmuudesta

Varmoja totuuksia on maailmassa vain harvoja emmekä me koskaan edes tiedä mitkä uskomuksistamme ovat niitä. Usko vain ei kerta kaikkiaan riitä.

Vastaesimerkin voima - ehkä

Yksikin vastakkainen tosielämän havainto asettaa yleisen luulon kyseenalaiseksi. Tai niin sen ainakin pitäisi tehdä.

Vastuuttomuuden luonteesta

Vastuuttomuus tarkoittaa lopultakin vain sitä, että et piittaa pätkääkään siitä, mitä muut sinulta vaativat.

Vauvana synnymme

Jokainen meistä syntyy vauvana. Ja jokaisen vauvan vapausasteet ovat heidän holhoojiensa käsissä. Kukaan ei synny vapaana.

Velvollisuudesta

Maailmankaikkeudella ei ole vähäisintäkään velvollisuutta olla sinulle ymmärrettävä.

Venäjän ongelma

Jos valtio perustetaan sodalla, on sen ylläpidettävä itseään sodalla.

Verikö todistaa?

Veren vuodattamisella ei valitettavasti totuuksia todisteta.

Via negativa – älä tee

Monesti on parempi jättää haitallinen teko tekemättä kuin väkisin touhuta ahkeralta näyttämisen tarkoituksessa.

Viha myy

Vaikka viha myy aina hyvin, on onnellisuus silti vakaampi kauppatavara.

Vihollisen lyöminen

Paras keino vihollisensa lyömiseen on löytää hänelle uusi vihollinen.

Viihteen hyöty

Tervehenkinen ja vapaa ihminen ei tarvitse viihdettä. Se on keksitty työn orjaa varten, jotta tämä jaksaisi taas painaa pitkää päivää.

Vähentämällä tehoa

On paljon hyödyllisempää lopettaa typeryydet kuin yrittää olla viisas.

Välinpitämättömyyden tosi arvo

Välinpitämättömyys on valtaa olla ottamatta kantaa.

Väsymisen seurauksista

Väsyneenä saamme helposti sellaisia ideoita, jotka itsekin kumosimme jo aikoja sitten.

Väärien kysymysten ongelma

Kun esitetään vääriä kysymyksiä, saadaan tietenkin vääriä vastauksia.

Väärässä olemisesta

Oikeassa olemisen tunne viriää meissä kaikissa, joillakin koko ajan, vaan kaikki eivät luultavasti voi olla oikeassa kaikissa asioissa.

Väärässä oleminen on onneksi enemmistölle suotu demokraattinen oikeus.

Yksilön tärkeys

"Yksilö" ja "yksilöllisyys" ovat myöhempien aikojen sosiaalisia keksintöjä. Luonnossa sellaisia esiintyy lähinnä yksin elävissä pedoissa.

Yksinkertainen maku

Tyydyn usein parhaaseen. Minulla on niin yksinkertainen maku.

Yksin ollessa aidoin

Olen oma itseni vain yksin ollessani. Muiden joukossa esitän jotakuta muuta.

Yksin yhdessä

Parempi on olla yhdessä väärässä kuin yksin oikeassa. Parempi yksin kahdestaan kuin kaksin kolmestaan.

Ylimielistä

Ylimieliseksi voinemme kutsua sitä, jonka tietämisen ja tietämiseksi luulemansa välinen kuilu on venähtänyt valtavaksi.

Yllätyksiä sattuu

Neuvostoliiton romahdusta ei yksikään sosiaalitieteilijä ennalta nähnyt.

Ymmärretyksi tulemisen kauhistus

Jotkut meistä eivät oikeastaan halua tulla ymmärretyiksi. Sehän olisi melkein kuin esiintyisi nakuna julkisesti.

Ymmärtämisen illuusio

Mitä enemmän selitämme, sitä paremmin kuvittelemme ymmärtävämme.

Yrittäjän ja virkamiehen ero

Kun yrittäjä tekee virheen, hän kärsii seuraukset itse. Vaan kun virkamies mokaa, vastuu ja teon seuraukset siirtyvät sinulle.

Ystävien testi

Epäonnesi paljastaa ketkä eivät ole ystäviäsi.

Ystävät ovat tärkeimpiä

Elämän onnellisuuden kannalta ei liene ystäviä tärkeämpiä. Äh, miltei unohdin puolisot, anteeksi...

Älykkyys, mitä se on

Älykkyys on viime kädessä ja käytännössä vain kykyä paremmin pettää muita – ja itseään.

Älä, älä!

Älä suotta kiirehdi tänään tekemään sitä virhettä, minkä ehdit huomennakin tehdä.

Ärsyttävistä ihmisistä

Ärsyttäville ihmisille toki voit, ja sinun pitääkin, puhua tärkeistä asioista, jotka heitä ärsyttävät. He nauttivat siitä, että heitä ärsytetään ja sinä nautit heidän ärsyttämisestään.

Kiitokset seuraavalla sivulla

KIITOKSET

seuraaville edeltäjilleni, jotta lukija ymmärtäisi, etten ole ketään turhaa jaarittelijaa väärentänyt, sikäli kun olen sen tehnyt, tai siis, jonka oivalluksia olen mielin määrin hyödyntänyt:

Alan Dundes, Al-Ghazali, Anil Seth, Arthur Schopenhaeur, Ayn Rand, Aristoteles, Abraham Lincoln, Albert Einstein, Benedictus de Spinoza, Bryan White, Charles Bukowski, Dalai Lama , Elisabeth I, Ewald Iljenkov, Frank Zappa, Friedrich Nietzsche, George Carlin, George Harrison, Herakleitos, Janne Saarikivi, John Lennon, Joseph Conrad, Judy Garland, Kari Enqvist, Kurt Vonnegut, Les Brown, Lewis Carroll, Lisa Feldman Barrett, Ludwig Wittgenstein, Mahatma Gandhi, Maija-Riitta Ollila, Mark Twain, Markus Herz, Max Planck, Neil deGrasse Tyson, Nicholas Nassim Taleb, Nicolas Chamfort, Original Gin Long Drink, Oscar Wilde, Pinot Noir, Richard P. Feynman, Robert Heinlein, Robert Louis Stevenson, Robert Trivers, Sam Harris, Shiraz, Sokrates, Stanisław Jerzy Lec, Stephen King, Tarmo Kunnas, Thales, Thomas Edison, Thomas Hobbes, Toni Morrison, W.C. Fields

Ja lukuisat muut, joita en enää muista, pahoittelen